AF177760

Daniel Sánchez Arévalo

Física II

Guion con notas

**Edición preparada
por
Silvia Vega Ordóñez**

Ernst Klett Sprachen
Stuttgart

Daniel Sánchez Arévalo

Física II
Guion con notas

Edición preparada por Silvia Vega Ordóñez

1. Auflage   1 ^{6} ^{5} ^{4} ^{3} | 2023 22 21 20

Alle Drucke dieser Auflage sind unverändert und können im Unterricht nebeneinander verwendet werden.
Die letzte Zahl bezeichnet das Jahr des Druckes. Das Werk und seine Teile sind urheberrechtlich geschützt. Jede Nutzung in anderen als den gesetzlich zugelassenen Fällen bedarf der vorherigen schriftlichen Einwilligung des Verlags.

© für die Originalausgabe: Daniel Sánchez Arévalo 2003
© für diese Ausgabe: Ernst Klett Sprachen GmbH, Rotebühlstraße 77, 70178 Stuttgart, 2008.
Alle Rechte vorbehalten.
Internetadresse: www.klett-sprachen.de

Redaktion: Marcelo Rodríguez
Satz: Satzkasten, Stuttgart
Umschlagfoto: Isabel Barrado, Avalon Productions
Druck und Bindung: Medienhaus Plump GmbH, Rheinbreitbach

Printed in Germany

ISBN 978-3-12-535544-6

Inhalt

Prólogo

Ya nadie pone en duda la importancia que la imagen tiene en nuestra sociedad. El cine nos ofrece la oportunidad de relacionar la imagen con la palabra a través de una historia. Es por eso que este arte es valorado por todos en el aprendizaje de una lengua extranjera. Las películas cada vez más se usan como recurso en las aulas o en casa, especialmente los cortometrajes, que nos permiten disfrutar del cine como instrumento de aprendizaje pero con la ventaja de la brevedad, ya que no siempre tenemos tiempo suficiente para ver y trabajar una película completa. Como ejemplo de esto, *Física II* se presenta como una posibilidad de integrar el cine en el aprendizaje del español.

Todos, con mayor o menor frecuencia, tenemos que tomar decisiones que tendrán gran importancia en nuestras vidas. A Jorge, el personaje de *Física II*, le llega el momento de elegir su camino al terminar una etapa tan importante de su vida como es el final del instituto. A través del cortometraje conoceremos los conflictos personales a los que se enfrenta: cumplir 18 años, ser mayor de edad, ¿implica ser adulto? La toma de decisiones y el peso de la responsabilidad; los conflictos familiares, como en este caso con el padre; la necesidad de tener una identidad propia, la importancia de los amigos, son algunos de los muchos temas que aparecen en el cortometraje y que a lo largo de la lectura descubriremos y ampliaremos con nuestra propia experiencia personal.

El trabajo previo de un guion y su vocabulario nos ayuda en el descubrimiento y comprensión de los personajes, de su entorno y de su forma de hablar. El guion tiene una función básica para el trabajo del corto en general y de manera particular en el caso de *Física II*. La historia nos presenta de modo paralelo la lengua como recurso que cambia y se adapta al interlocutor. En ella el protagonista, Jorge, cambia de registro cuando habla con sus amigos del instituto y cuando el diálogo se desarrolla entre él y su padre. He aquí el tema lingüístico del corto: el lenguaje de los jóvenes. Por ello, al ser un aspecto generalmente poco tratado en métodos de enseñanza de lenguas extranjeras, y por lo tanto ser un vocabulario en su mayoría nuevo, el guion se presenta como un instrumento fundamental para la comprensión de los diálogos y a través de ellos de la historia.

Resumiendo, decir que, a través de este cortometraje, podremos adentrarnos en el mundo de los jóvenes, conocer sus inquietudes, sus problemas y la lengua que los representa gracias a la magia del cine.

Silvia Vega Ordóñez

Nota preliminar sobre el léxico de *Física II*

El guion de *Física II* contiene mucho vocabulario propio de la lengua de la calle. En él aparecen palabras como *joder, coño, cabrón, cabronazo, maricón, gilipollas, cojones,* etc., que tienen diferentes significados según el tono en que se usen y a quién se digan. También existen muchas expresiones que contienen estos términos.

P ej *coño:* vulgarmente, parte externa del aparato genital femenino. El término tiene diferentes significados: desde expresión de sorpresa, de enfado, de desprecio, a expresión de ánimo, entre otros.

Escena créditos iniciales.

Escena 1. INT. AULA INSTITUTO. DÍA.

Finales de agosto en Madrid y hace calor. Estamos en una típica aula de instituto. Apenas hay unos cinco o seis estudiantes de
5 *segundo de bachillerato (equivalente a COU), alejados los unos de los otros para evitar que se copien. El profesor reparte los exámenes boca abajo mientras da las instrucciones pertinentes.*

PROFESOR
No le deis la vuelta hasta que no os lo diga. Poned todos los
10 libros y carpetas en el suelo, no quiero ver nada en los pupitres, sólo el examen y un boli. Tenéis cinco minutos para leerlo y consultar cualquier duda. Cinco minutos. Después no voy a contestar a nada.

El profesor le entrega a JORGE (17) su examen.

15 PROFESOR
Jorge, ¿no me has oído?

Señala con la mirada una cadena con una medalla de una virgen que Jorge tiene en el pupitre.

JORGE
20 Es mi amuleto.

PROFESOR
En el bolsillo te va a dar la misma suerte.

---

1 **los créditos iniciales** *pl* información al principio de una película, p ej nombres de los actores – 2 **un aula** *f* sala donde los alumnos tienen clase – 4 **apenas** *aquí:* (tan) sólo – 5 **equivalente** igual a algo (→ **equivaler** ser lo mismo) – 5 **COU** Curso de Orientación Universitaria para la preparación de la **selectividad** (examen para ser aceptado en una universidad) – 5 **alejado** lejos ≠ cerca – 6 **evitar** ≠ permitir – 6 **repartir** distribuir uc *aquí:* dar un examen a cada alumno – 7 **boca abajo** *aquí:* con la parte en blanco del examen hacia arriba – 7 **pertinente** adecuado, necesario – 9 **dar la vuelta** *aquí:* poner la parte con las preguntas hacia arriba ≠ poner boca abajo – 10 **una carpeta** archivador de documentos de cartón u otro material – 10 **un pupitre** escritorio en las aulas de una escuela – 11 **un boli** *Esp* bolígrafo – 12 **una duda** algo que no se sabe, se desconoce – 14 **entregar** dar – 17 **señalar** mostrar, indicar – 17 **una cadena** objeto largo de metal que se lleva al cuello (Kette) – 18 **una virgen** Madonna

Jorge, a regañadientes, se la guarda en el bolsillo. El profesor regresa a su mesa.

PROFESOR
Sólo tenéis que contestar a tres de las cinco preguntas. Y os advierto que cada error ortográfico penaliza un cuarto de punto, acentos incluidos. Ser de ciencias no equivale a ser analfabeto.

El profesor sale de cuadro, va hacia su mesa, dejando a la vista la pizarra. Nos acercamos y vemos escrita la materia del examen:

Examen recuperación

Física II

2°B, martes 10.30 a 12

PROFESOR (off)
Empezad.

Física II

Fin créditos.

Vemos resaltada una pregunta de la hoja del examen de Física, el resto está desenfocado o en negro:

"Pregunta 1: El motor de combustión. Ciclos genéricos"

---

1 **a regañadientes** sin ganas, en contra de su voluntad - 1 **guardar** poner dentro de algo - 2 **regresar** volver - 5 **advertir** avisar, decir lo que se va a hacer antes de hacerlo - 5 **penalizar** multar (bestrafen); *aquí:* perder puntos - 8 **un cuadro** *aquí:* escena - 9 **una pizarra** objeto rectangular y grande en el aula y donde se escribe para todos - 9 **acercarse** aproximarse, ponerse cerca - 11 **una recuperación** *aquí:* examen para los que no han aprobado la asignatura a finales del curso escolar (junio) - 18 **resaltado** marcado para que se vea mejor - 19 **desenfocado** visión poco clara, no se ve bien la forma (≠ enfocar → el foco) - 20 **un motor de combustión** Verbrennungsmotor - 21 **los ciclos genéricos** característica especial de los motores genéricos

Escena 2. EXT. CALLE. NOCHE.

Un cubo de basura arde en la acera, al pie de la escalera de entrada a un edificio de viviendas, de un barrio tipo Moratalaz.

Escena 3. EXT. CALLE. DÍA.

Acaba de amanecer, vemos los restos del cubo consumidos por
5 *las llamas. ANDRÉS (64), el portero de la vivienda, vestido con un mono azul de trabajo, observa el panorama enfadado.*
Se encamina dentro del portal.

Escena 4. A. – PORTERIA. DÍA.

Andrés cruza la zona de portería, se encamina escaleras
10 *abajo hacia su vivienda. Entra en ella. Es muy pequeña y claustrofóbica.*

Escena 4. B. – CUARTO DE JORGE. INT. DÍA.

Abre bruscamente la puerta del cuarto de JORGE (18), su hijo. Es un cuarto sin ventanas. Jorge duerme destapado y en
15 *calzoncillos.*

ANDRÉS (enfadado)
Jorge…

---

1 **un cubo** objeto en el que se pone la basura – 1 **la basura** lo que ya no se necesita o no se puede usar – 1 **arder** quemar – 1 **una acera** parte lateral de la calle reservada a los peatones – 2 **una vivienda** lugar donde se vive, p ej un piso o casa – 2 **Moratalaz** barrio de clase media en el este de Madrid – 4 **amanecer** salir el sol por la mañana – 4 **consumido** reducido en tamaño por el fuego – 5 **una llama** *aquí:* lengua de fuego – 6 **un mono** *aquí:* traje de trabajo – 7 **encaminarse** ir en dirección a – 7 **un portal** entrada principal de un edificio que da acceso a las escaleras comunes – 9 **una portería** lugar y trabajo de un **portero** (persona que hace trabajos de cuidado y mantenimiento de una casa o edificio) – 11 **claustrofóbico** cerrado que da miedo, p ej un ascensor – 13 **bruscamente** con violencia – 13 **un cuarto** *aquí:* dormitorio – 14 **destapado** sin tapar, sin cubrir *aquí:* sin manta por encima – 14 **unos calzoncillos** ropa interior masculina

Enciende la luz. Jorge abre los ojos, le molesta la luz. Le mira, incapaz de reaccionar.

JORGE
¿Qué?

5 ANDRÉS
Ponte algo y sal fuera.

JORGE
¿Qué pasa?

ANDRÉS
10 Cálzate y sube. ¡Ya!

Andrés se va. Jorge se levanta y coge su cadena de la mesilla, colgada encima de una foto de una mujer de unos cincuenta años, de aspecto afable. Es su madre.

Escena 5. EXT. EDIFICIO. DÍA.

15 *Jorge sale al portal, donde está su padre. Va medio dormido, sus ojos apenas se han acostumbrado a la luz del sol.*

ANDRÉS
¿Me puedes explicar qué es eso?

Vemos el cubo de la basura quemado al borde de la acera.

20 JORGE
Lo han quemado…

ANDRÉS
Sí, lo han quemado… *(se da vuelta, mira a su alrededor)* ¿Y por qué cojones lo han quemado?

25 *Jorge no responde, se queda callado, mirando el cubo.*

---

1 **encender** *aquí:* dar la luz - 2 **incapaz** sin poder - 10 **calzarse** ponerse los zapatos - 11 **una mesilla** mesa pequeña - 13 **afable** amable, cordial - 16 **apenas** casi no - 16 **acostumbrarse** *habituarse* (sich gewöhnen) - 19 **quemar** destruir con el fuego - 19 **un borde** extremo lateral de algo - 23 **alrededor** en todas las direcciones, en torno a - 23 **¿por qué cojones?** *Esp vulg* ¿por qué causa…? - 25 **callado** en silencio

ANDRÉS
Sólo te mando hacer una cosa. Una cosa. Coger el cubo vacío
por la noche y guardarlo. Coño, Jorge, tampoco es tan difícil,
¿no?

5 JORGE
Lo siento, se me pasó.

ANDRÉS
¿Cuántos cubos nos tienen que quemar para que se te meta en
la cabeza? Los vecinos se han quejado, y con razón.

10 JORGE *(agobiado)*
Vale, ya lo limpio yo…

ANDRÉS
No, lo limpio yo. Pero que sepas que cada vez que la cagas es tu
padre el que se jode. *(Pausa)* Si no te responsabilizas un poco,
15 ¿cómo vas a hacerte cargo de la portería?

Jorge no contesta, mantiene un rictus serio. El padre se va hacia
adentro.

Escena 6. EXT. INSTITUTO. DÍA.

Jorge está sentado en el respaldo de un banco, frente al instituto.
20 *Bebe de una litrona de cerveza. Israel (18) se acerca a él por su*
espalda. Le hace el abrazo del oso y lo sacude amistosamente.

ISRAEL
¡Felicidades, maricón, esos dieciocho!

La cerveza se derrama.

---

3 **coño** *Esp vulg, aquí: expresión de enfado* – 8 **meterse uc en la cabeza** *aquí:* comprender –
9 **quejarse** reclamar – 10 **agobiado** *aquí:* sintiéndose mal – 13 **cagarla** *vulg* hacer uc
muy mal – 14 **joderse** *vulg* fastidiarse, salir perdiendo – 14 **responsabilizarse** tomar
responsabilidad – 15 **hacerse cargo de uc** tomar la responsabilidad de uc – 16 **un rictus**
posición de los labios – 19 **un respaldo** parte posterior de una silla o banco – 20 **una
litrona** *Esp jerg* botella de litro de cerveza – 21 **el abrazo de(l) oso** abrazo que se da por
detrás rodeando con el cuerpo y uniendo las manos por delante – 21 **sacudir** mover
con fuerza – 23 **un maricón** *vulg, como insulto* hombre femenino, *aquí:* tío *Esp*, colega –
24 **derramarse** cuando un líquido se sale, p ej, de un vaso o una botella

JORGE
¡Cuidado que me salpicas!

Israel lo suelta, le quita la cerveza y se sienta a su lado.

ISRAEL *(antes de beber)*
5 Anda, trae. ¿Bueno, qué? ¿Ha salido la nota de Física?

JORGE *(pensativo, a su bola)*
¿Para qué sirve ser mayor de edad?

ISRAEL
Pues para el bingo, ¿no te jode? ¿Has entrado a mirar? Seguro
10 que ya ha salido.

*Jorge no contesta, pero niega con la cabeza. Israel entiende que
no ha entrado.*

ISRAEL
¡Pero qué maricón que eres, tronco!

15 *Se levanta saltando sobre el banco y hace un amago de irse, pero
Jorge lo frena.*

JORGE
Ey, ey, ey, ey, ¿dónde vas?

ISRAEL
20 ¿Cómo que dónde voy? A mirar mi nota.

JORGE
¿Pero qué nota? Si tú ni siquiera te has presentado, gilipollas…

ISRAEL
¿Cómo que no?… *(para sí)* ¿Cómo que no? ¿Y tú a qué esperas
25 pa'entrar?

---

2 **salpicar** mojar con gotas de un líquido – 3 **soltar (o-ue)** dejar libre – 5 **anda** *aquí:* venga,
vamos – 6 **a su bola** *jerg* a sus cosas, sin prestar atención – 9 **joder** *aquí:* molestar –
11 **negar (e-ie)** decir "no" – 14 **un maricón** *aquí:* tonto – 14 **un tronco** *Esp jerg aquí:* colega,
amigo – 15 **un amago** intento – 16 **frenar** *aquí:* detener, parar – 22 **un gilipollas** *Esp vulg,
insulto* imbécil, tonto – 25 **pa´** para

Jorge se encoge de hombros, se nota que es un paso difícil para él. Israel se da cuenta.

ISRAEL
¿Por lo menos habrás desayunado, no?

5 JORGE *(tomando la botella de cerveza)*
No.

ISRAEL
Es muy chungo beber con el estómago vacío, ¿eh? ¡Venga, anda, sácate un euro!

10 JORGE *(dejando la botella)*
Sácatelo tú.

ISRAEL
¿Cómo que me lo saque yo, si es tu cumple? ¡Sácatelo tú!

JORGE
15 Por eso, me invitas.

ISRAEL
¡Ahí va! ¿Y desde cuándo?

Escena 7. A. – INT. HIPERMERCADO. DÍA.

La mano de Israel introduce el euro en el carrito. La cadena se
20 *suelta.*

Escena 7. B. – INT. HIPERMERCADO. DÍA.

A través de varias cámaras de seguridad vemos cómo llenan el carrito de cosas.

---

1 **encogerse de hombros** subir los hombros para mostrar que no se sabe uc – 2 **darse cuenta de uc** llegar a saber uc, notar – 8 **chungo** *Esp jerg* malo – 9 **sacarse** tomar uc de un lugar – 13 **el cumple** cumpleaños – 19 **un carrito** vehículo de metal con ruedas que se usa en los supermercado para poner dentro la compra

Escena 7. C. – INT. HIPERMERCADO. DÍA.

Jorge e Israel pasean con un carrito de la compra. Israel, sin que le vean, abre disimuladamente un envase de plástico con pastelitos de chocolate.

ISRAEL
5 Pues a mí me molaría que suspendieras.

JORGE (*mosqueado*)
¿Pero qué dices, tío? ¡No me jodas!

ISRAEL
Joder, no quiero repetir yo sólo… *(Le da un pastelito a Jorge)*
10 Toma pilla.
Y además, ya sé que suena egoísta, pero es así, tío, es así…

Jorge toma el pastelito, los dos comen con naturalidad mientras siguen llenando el carrito.

ISRAEL
15 Piénsalo, (es)taría dabuti, seríamos los putos amos…

JORGE
Si, pero si suspendo dejo el instituto.

ISRAEL *(con la boca llena y soltando el carrito)*
¡Pero qué dices, coño! ¿Estás flipando o qué?

20 JORGE
Mi padre quiere que me ponga a currar en la portería.

ISRAEL
¿Te ha dicho eso?

---

2 **disimuladamente** sin que nadie los vea - 2 **un envase** donde se puede guardar uc, p ej una botella, una bolsa - 5 **molar** *Esp jerg* gustar - 6 **mosqueado** *aquí:* molesto - 7 **joder** *aquí:* molestar - 9 **joder** *aquí:* exclamación de enfado - 9 **repetir** hacer uc otra vez - 10 **pillar** *jerg aquí:* tomar, coger - 11 **egoísta** ≠ generoso - 11 **un tío** *Esp jerg* tronco *Esp*, colega - 15 **estar dabuti** *Esp jerg* estar muy bien - 15 **los putos amos** *jerg, aquí:* jefes absolutos - 17 **suspender** ≠ aprobar - 19 **coño** *Esp aquí:* expresa indignación, molestia - 19 **flipar** *Esp aquí:* estar loco - 21 **currar** *Esp jerg* trabajar

JORGE
Y,..más o menos.

ISRAEL
Más o menos, no. Te lo ha dicho o no te lo ha dicho.

5 *Jorge va, coge un tetra-brik de zumo y se lo lanza a Israel, que lo caza al vuelo. Lo abre. Se lo van pasando y bebiendo.*

JORGE
El año que viene le jubilan.

ISRAEL
10 Pues que le jubilen… ¿Y a ti qué más te da?

JORGE
Pues que nos tenemos que ir de la casa, a no ser que yo trabaje en la portería.

ISRAEL
15 ¿Y no tenéis otro sitio donde ir o qué?

JORGE
El pueblo…

ISRAEL *(Coge el tetra-brik y bebe)*
Pues ya está, que tu padre se vaya pa'el pueblo y tú te quedas
20 aquí, buscándote la vida conmigo. ¿No?

JORGE
Ya, pero no es tan fácil…

ISRAEL
¿Por qué?

25 JORGE
Porque me da palo dejarle solo.

---

6 **cazar uc al vuelo** *aquí:* cogerlo en el aire – 10 **¿qué más te da?** ¿qué te importa? –
20 **buscarse la vida** sich durchschlagen – 26 **dar palo uc** *aquí:* no sentirse cómodo con una situación

ISRAEL
Venga, coño, pero si tu padre nos da de hostias a los dos juntos.

JORGE *(Tras una pausa)*
5 Ya, pero desde que murió mi madre no ha vuelto a ir al pueblo

Jorge deja el tetra-pack de zumo vacío en una estantería. Israel ahora se calla y se queda mirándolo. Silencio. Luego señala la boca de Jorge.

JORGE
10 ¿Qué?

ISRAEL
Ven, acércate.

JORGE *(dudando)*
¿Qué?

15 ISRAEL *(haciéndole señas a Jorge para que se acerque)*
¡Acércate, coño!

Jorge da dos pasos acercándose con cautela a Israel, quien sigue mirándole la boca. Luego se ríe, Jorge también se ríe, todavía sin saber el porqué.

20 ISRAEL *(riendo y señalando sus propios dientes)*
¡Que tienes aquí los piños manchados tronco! Aquí.

JORGE
¿Dónde?

Jorge se ríe y se lleva la mano a los dientes, tanteándoselos
25 *hasta encontrar la mancha de chocolate. Israel lo va guiando, diciéndole por donde se tiene que limpiar y en qué diente le queda aún chocolate. Los dos se ríen. No hay contacto corporal entre ellos en ningún momento de esta escena.*

---

2 **coño** *Esp aquí:* expresión de ánimo, hombre – 2 **dar de hostias** golpear; *aquí:* en el sentido todavía es fuerte – 13 **dudar** no saber seguro (→ la duda) – 16 **coño** *Esp aquí:* ¡venga, vamos! – 17 **la cautela** cuidado, atención – 21 **un piño** *Esp coloq* diente – 21 **manchado** sucio (→ la mancha) – 24 **tantear** *aquí:* tocar sin decisión antes de hacer uc definitivamente

ISRAEL
Aquí.

JORGE
¿Aquí?

5 ISRAEL *(tocándose otro diente, ambos siguen riendo)*
Y aquí.

JORGE
¿Aquí?

Israel asiente, riendo. Se quedan los dos un instante de pie, el
10 *uno frente al otro, mirándose y sonriendo. Israel sigue mirándole*
la boca a Jorge.

JORGE
¡Vámonos!

Israel asiente y le da a Jorge una palmada en la espalda,
15 *comenzando a caminar otra vez hacia el final del pasillo.*

ISRAEL
¡Venga, maricón!

Se desvían por un pasillo, abandonando el carro a su suerte, que
sigue avanzando hasta que se empotra contra un expositor. Los
20 *dos se van dando saltitos.*

Escena 8. INT. HIPERMERCADO. SALIDA. DÍA.

Abandonan el híper por la salida sin compra. Al pasar Israel, el
guardia le frena. Señala algo que lleva debajo de la camiseta, en
un costado.

25 GUARDIA JURADO
¡Eh, a ver qué tienes ahí!

5 **ambos** los dos - 9 **asentir** decir "sí" - 14 **una palmada** golpe que se da con la mano abierta - 17 **maricón** *aquí:* tío *Esp*, colega – 18 **desviarse** cambiar de camino - 18 **a su suerte** libre, sin control - 19 **empotrarse** meterse dentro de uc con violencia - 19 **un expositor** mueble para colocar productos que se muestran al público. - 20 **un saltito** salto pequeño - 24 **un costado** lado - 25 **un guardia jurado** agente de seguridad que vigila un lugar

ISRAEL
Yo no llevo nada.

GUARDIA JURADO
Vamos, levántate la camiseta, anda.

5 **ISRAEL** *(Por la mampara de seguridad)*
¿Pero no ve que no ha pitado la máquina? Que no llevo nada.

GUARDIA JURADO
Que yo sé, el que hoy está aquí, si ha pitado o no. ¡Que te levantes la camiseta, te digo!

10 **ISRAEL**
¿Qué pasa, que te molo?

GUARDIA JURADO *(amenazándolo y levantándole la mano como para darle una bofetada)*
¿Tú quieres que te meta una hostia, gilipollas?

15 *Jorge intercede, tratando de calmar al guardia y a Israel.*

JORGE *(agobiado, a Israel)*
Venga, levántate la camiseta, joder…

(y luego al guardia)

JORGE
20 Oye, oye, que no lleva nada.

GUARDIA JURADO *(a Jorge)*
¡Tú cállate!

Los tres empiezan a discutir a gritos, la situación se vuelve más violenta. Jorge trata de separar a Israel y al guardia antes de que
25 *se vayan a las manos.*

---

5 **una mampara de seguridad** aparato que se encuentra a la salida de un lugar, p ej de un supermercado, para evitar robos (Diebstähle) – 6 **pitar** *aquí* piepsen – 11 **molar** *Esp jerg* gustar – 12 **amenazar** drohen – 13 **una bofetada** golpe con la mano abierta en la cara – 14 **meter una hostia** *Esp vulg* dar una bofetada – 15 **interceder** actuar para solucionar un conflicto entre dos o más personas – 15 **tratar de** intentar – 15 **calmar** tranquilizar – 16 **agobiado** nervioso, pasándolo mal – 17 **joder** *aquí: expresión de enfado* – 25 **irse a las manos** *coloq* empezar a golpearse

GUARDIA JURADO *(amenazando a Israel hasta casi darle una bofetada)*
¿Quieres que te meta una hostia aquí o te la meto en la calle, gilipollas?

5   GUARDIA JURADO *(a Jorge)*
¡Tú cállate!

JORGE*(tratando de calmar a ambos)*
Eh, eh, eh.

Los tres empiezan a forcejear, el guardia tira de la camiseta de
10 *Israel con violencia, tratando de dejar el vientre al descubierto*
para ver qué hay debajo.

GUARDIA JURADO *(a los gritos, muy violento)*
¡Venga, acá, que te levantes la camiseta, te digo!

Los tres gritan y forcejean, el guardia, muy furioso, sigue
15 *forcejeando y gritando cada vez más fuerte, mientras Israel trata*
de defenderse y de escabullirse de sus manos.

GUARDIA JURADO *(gritando muy fuerte, fuera de sí)*
¡Que te levantes la camiseta, te digo! ¡Que te levantes la camiseta!

20 *Israel logra escabullirse y sale corriendo. Inmediatamente Jorge*
lo sigue. El guardia sale corriendo detrás de ellos.

GUARDIA JURADO
¡Me cago en tu puta madre!

Israel, con una sonrisilla medio histérica y divertida, sale por la
25 *puerta de emergencia, Jorge ve tras él, seguido muy de cerca por*
el guardia jurado.

---

9 **forcejear** intentar liberarse de up con violencia – 9 **tirar de** *aquí:* traer hacia sí con
fuerza – 10 **el vientre** barriga – 10 **descubierto** sin cubrir, que se ve – 14 **furioso** muy
enfadado – 16 **escabullirse** *aquí:* liberarse – 23 **ime cago en tu puta madre!** *vulg insulto* –
25 **tras** detrás de

Escena 9. EXT. HIPERMERCADO. DÍA.

Israel corre escaleras arriba hasta salir a la calle. Sube una rampa cuesta arriba. Va seguido de cerca por Jorge. El guardia jurado los persigue. De repente se lleva por delante a un hombre que viene bajando la rampa y se queda frenado, lo que le impide
5 *seguir persiguiendo a los muchachos.*

GUARDIA JURADO *(gritándole furioso al hombre)*
¡Me cago en la pu…! Pero, coño, ¿no ve que lo estoy persiguiendo, cojones?

GUARDIA JURADO *(gritándoles a Israel y Jorge y viéndolos*
10 *alejarse)*
¡Venid pa'cá si tenéis cojones!

Se queda de pie, exhausto, mirando cómo los muchachos se alejan felices de la victoria y ve que ya no tiene sentido seguirlos. Entonces se vuelve, furioso, bajando la rampa en dirección al
15 *hipermercado, caminando detrás del hombre.*

GUARDIA JURADO *(al hombre)*
¡Venga usted pa'cá! ¡No me va a explicar qué hacía usted por aquí! ¡A ver, su documentación!

Escena 10. EXT. CALLE. DÍA.

20 *Israel se frena en la parte trasera de un bar. Trata de recuperar el aliento. Poco después llega corriendo Jorge.*

JORGE *(sin apenas aire)*
Eres un cabrón.

---

2 **una rampa** construcción para cambiar de nivel cuando no se pueden usar las escaleras p ej con un carro de la compra – 3 **perseguir** *aquí:* correr detrás de up – 3 **llevarse por delante** mover uc de lugar por un choque violento – 4 **impedir** no permitir, hacer imposible – 7 **coño** *Esp* expresión de enfado – 8 **cojones** *Esp* expresión de enfado – 11 **pa´ca** (para acá) = aquí – 11 **cojones** *Esp aquí:* valor – 12 **exhausto** agotado, muy cansado, sin fuerzas – 18 **una documentación** papeles de identificación personal – 20 **trasera** de atrás – 20 **recuperar** tener otra vez uc que se ha perdido – 21 **aliento** aire que sale al respirar – 23 **cabrón** macho de la cabra *aquí: insulto*

ISRAEL *(descojonado de risa)*
Está de puta madre, eh?

Israel se sienta en el piso para descansar.

JORGE
5 Me tienes hasta los cojones.

ISRAEL *(riendo)*
Joder, pero si lo he hecho por ti. ¿A que se te han olvidado las movidas?

JORGE *(extenuado y casi sin aliento, sentándose junto a Israel)*
10 Si robas algo por lo menos me avisas.

ISRAEL
No podía, tronco. Era una sorpresa.

Israel saca de debajo de la camiseta un póster enrollado.

ISRAEL *(riendo)*
15 Felicidades
(Se lo da).

JORGE *(Lo toma desconcertado, sonriendo)*
Gracias…

ISRAEL
20 Como siempre te estás quejando de que no tienes ventana en la habitación… pensé que te molaría.

Jorge lo desenrolla y lo mira detenidamente. No lo vemos.

ISRAEL
Pero vamos, si no te regalo uno con una tía en bolas.

---

1 **descojonado de risa** *vulg* muerto de risa *coloq*, riéndose sin parar – 2 **de puta madre** *vulg* muy bien – 3 **un piso** *aquí:* suelo – 5 **tener a up hasta los cojones** *Esp vulg* estar harto, estar hasta las narices de uc *coloq* – 8 **una movida** *jerg, aquí:* diversión – 9 **extenuado** exhausto – 10 **avisar** decir lo que se va a hacer antes de hacerlo, dar noticia de uc – 13 **enrollado** doblar en forma de rollo – 17 **desconcertado** desorientado, sin saber cómo reaccionar – 21 **molar** *Esp* gustar – 22 **desenrollar** ≠ enrollar – 22 **detenidamente** con atención – 24 **una tía en bolas** *Esp jerg* mujer sin ropa

JORGE *(Mira a Israel y sonríe)*
No. Me mola.

Vemos la pared donde estaban apoyados los dos muchachos.
Se ven los nombres de Israel y Jorge y unas rayas anotadas con
5 *aerosol debajo de cada uno de los nombres. Allí apuntan quién*
va ganando lo que parece un juego. Se ve la mano de Israel que
anota una raya más.

ISRAEL
Diez a siete.

10 *Vemos resaltada otra pregunta de la hoja del examen de Física:*

Pregunta 2. ¿Cómo se explica el arco iris?

Escena 11. INT. CUARTO DE JORGE. DÍA.

Vemos un paisaje de ensueño, con un espectacular arco iris. Es
el póster que le ha regalado Israel, colgado en la pared de la
15 *habitación. La música (un tema cañero) invade la habitación.*
De repente una de las chinchetas del póster se cae. Jorge, al que
vemos ahora acostado en su cama y escuchando música con
los auriculares puestos, se levanta para volver a pegar el póster,
quitándose los auriculares. En ese momento su padre se acerca
20 *por su espalda. Le toca el hombro.*

ANDRÉS
Jorge…
Jorge da un respingo, asustado. Se da la vuelta.

JORGE
25 ¡Coño, qué susto!

ANDRÉS
Ven…

4 **una raya** línea – 5 **un aerosol** spray – 5 **apuntar** escribir – 10 **resaltado** marcado – 11 **un arco iris** arco de siete colores diferentes que aparece en el cielo después de la lluvia – 13 **un ensueño** ideal – 14 **colgado** *aquí:* puesto en la pared – 15 **cañero** *Esp* fuerte (p ej heavy metal) – 15 **invadir** *aquí:* llenar completamente – 16 **una chincheta** objeto metálico pequeño y circular que sirve para fijar uc en la pared – 18 **un auricular** aparato que sirve para escuchar música y que se pone en las orejas – 23 **un respingo** pequeño salto a causa de algo inesperado – 23 **asustado** → un susto – 25 **coño** *Esp aquí:* expresión de sorpresa

JORGE
¿Qué pasa?

Jorge se teme una nueva bronca.

ANDRÉS *(acercando a su hijo para darle un abrazo)*
5   ¡Ven!

Andrés lo abraza. Jorge se queda un poco abrumado, no se lo esperaba. Andrés lo abraza con cuidado, sin encerrarlo del todo entre sus brazos. Jorge apenas apoya sus manos en la espalda de su padre, casi sin ganas, con mucha inseguridad.

10 ANDRÉS
Felicidades, hijo. Lo siento mucho. Esta mañana, con el cabreo del cubo, se me pasó.

JORGE *(asintiendo)*
No pasa nada.

15 ANDRÉS
Tu padre se hace viejo. ¿Me perdonas?

JORGE *(sonriendo)*
Que sí.

ANDRÉS
20 Esta noche te preparo albóndigas de bonito para cenar. ¿Te apetece?

JORGE
Vale, cualquier cosa.

ANDRÉS *(le da un par de billetes de 20 euros)*
25 Toma, para que te compres algo.

JORGE *(no acepta el dinero)*
No.

---

3 **temer** tener miedo de uc - 3 **una bronca** discusión fuerte - 6 **abrumado** incómodo por atenciones (= regalos) inesperadas o excesivas - 7 **encerrar** cerrar - 11 **un cabreo** un enfado - 13 **asentir** decir que sí - 20 **una albóndiga** bolas de carne o pescado que se comen en una salsa - 20 **un bonito** pescado similar al atún

ANDRÉS
Que sí, que sí, hombre. Gástatelo en lo que quieras.

JORGE
Gracias.

5 *Justo en ese instante, una de las chinchetas del póster cae al suelo y el póster se vuelve a despegar. Padre e hijo se miran y ríen.*

Escena 12. EXT. INSTITUTO/PARTE TRASERA. TARDE.

10 *Jorge da una calada a un porro y se lo pasa a Israel. Están acostados sobre una pila de ladrillos, en una zona de obras en la parte trasera del instituto.*

ISRAEL *(le da una calada)*
Hay que ver cómo se ha portado tu padre con el regalo.

15 JORGE
Es lo malo que tiene, que sólo es un cabrón a veces. Y eso despista mucho.

ISRAEL
Ya te digo: mi padre es un cabronazo las veinticuatro horas del
20 día, y quieras que no, se agradece. ¿Has hablado con él?

JORGE
¿De qué?

ISRAEL
Joder, de que pasas de la puta portería… tú siempre te estás
25 quejando pero nunca haces nada, colega. Nada.

---

6 **despegar** *aquí:* no quedar fijo a algo donde se encontraba antes, caer - 10 **una calada** *al fumar* Zug - 10 **un porro** Joint - 11 **una pila** una torre - 11 **un ladrillo** piedra de construcción normalmete de color rojo - 14 **portarse** *aquí:* actuar bien - 16 **cabrón** macho de la cabra *(insulto)* - 17 **despistar** desorientar, no saber qué pensar respecto a uc o up - 19 **cabronazo** cabrón *(insulto)* - 20 **agradecer** dar las gracias - 24 **pasar de** no importar uc a up - 24 **una puta** *vulg* Hure, *aquí: exclamación de refuerzo negativa*

JORGE
Oye, me he tirado todo el verano estudiando Física. ¿Te parece poco?

ISRAEL
5 ¡Pues vamos a ver la nota, valiente! *(Por el porro)* Venga, además vas anestesiado.

JORGE *(haciéndose el tonto, un poco delirando por el efecto del porro)*.
No, no. No puedo.

10 *En ese instante salen por una puerta del instituto MARTA y LAURA. Marta parece muy alterada y rabiosa. Se sienta en unas escalerillas. Laura, detrás, trata de consolarla. Israel y Jorge se giran para verlas.*

MARTA
15 Esto es una mierda. Me había salido bien, tía, te juro que me había salido de puta madre.

LAURA *(A Marta)*
Tía, si quieres vamos a hablar con él.

ISRAEL
20 Bueno, bueno, ¿qué ha pasado por ahí?

MARTA
¿Tú qué crees, gilipollas?

ISRAEL
Pues que ya tengo con quien sentarme el próximo curso.

25 LAURA
Cómo te pasas, tío.

ISRAEL
Joder, pero si ha empezado ella, yo venía de buen rollo.

---

2 **tirarse** *aquí:* pasar tiempo perdido haciendo uc – 7 **delirar** hacer o decir cosas sin sentido – 11 **rabioso** muy enfadado (→ rabia) – 12 **consolar a up** motivar a up que está triste – 15 **tío** *Esp jerg* chico – 16 **de puta madre** *vulg* muy bien – 22 **gilipollas** *Esp vulg* tonto idiota (insulto) – 26 **pasarse** *aquí:* decir o hacer algo inadecuado – 28 **de buen rollo** *coloq* con buenas intenciones

Israel suspira, se levanta y salta la valla del colegio. Se acerca a ellas. Jorge se queda en su sitio, mirando.

ISRAEL *(mientras se acerca)*
Bah, tía, perdóname. Lo siento. Ya sé que soy un gamba... No
5 tengo ni puta gracia. *(Se sienta a su lado)* Venga, va, pégame.
Venga, que sí que quieres.*(Le toma el brazo para que le pegue,*
un poco en broma, con intención de hacerla reír).

ISRAEL
Venga, tonta, que no pasa nada. Venga, yo te ayudo. Un
10 poquito, un poquito, un poquito.

MARTA *(zafándose)*
¡Que me dejes en paz, joder!

JORGE
¡Venga, Isra, vámonos!

15 ISRAEL *(insiste)*
A ver, Martita, tienes dos opciones: Hundirte en la miseria y
lamentarte por algo que no tiene solución, o pasar del tema.
¡Que le den por culo al examen! Nos vamos todos a celebrar el
cumpleaños de Jorgito. Venga, va.

20 LAURA *(A Jorge)*
Felicidades.

Jorge sonríe cortado.

JORGE
Gracias.

25 ISRAEL
Por cierto, ¿habéis visto su nota?

---

1 **suspirar** respirar profundamente y luego liberar el aire (seufzen) - 1 **una valla** pequeño muro - 4 **un gamba** *jerg Esp* persona que dice o hace algo inadecuado - 4 **no tener (ni puta) gracia** *vulg* no ser divertido - 7 **una broma** Scherz - 7 **la intención** con la idea, finalidad de - 11 **zafarse** soltarse, liberarse - 12 **dejar en paz** dejar tranquilo - 16 **hundirse en la miseria** deprimirse - 17 **pasar del tema** no darle importancia al problema, ignorarlo - 18 **dar por (el) culo** *vulg* irse al infierno - 22 **cortado** *aquí:* tímido, sin saber que decir o hacer

MARTA
No, yo he visto la mía, me he cagado en el cabrón ese y me he ido.

ISRAEL
5 Bueno, entonces, ¿qué va a ser, cortina número uno o cortina número dos…? En la número uno tenemos chocolate. ¡Venga! *(apoyando levemente el mentón en el brazo de Marta).*

Marta lo mira y suelta la primera sonrisa. Ya se le ha pasado un poco el enfado y se ve que Israel ha logrado convencerla.

10 MARTA *(tras una pausa. Levanta la cabeza. Mira a Laura.)*
Tú estás sola en casa, ¿no?

Marta sonríe y mira a Jorge.

Escena 13. INT. CASA DE LAURA. SALÓN. TARDE.

15 *El piso de Laura es de clase media. Procedente de un cuarto con la puerta entreabierta, se oyen ruidos y risas de Israel y Marta. Jorge y Laura están sentados en el sofá. Están bastante bebidos y fumados. En la mesa hay varios vasos, botellas, refrescos y ceniceros con colillas.*

20 LAURA *(hacia el cuarto)*
Podríais cerrar la puerta por lo menos, ¿no?

Jorge tira un almohadón contra la puerta y consigue que se cierre.

JORGE *(incómodo)*
25 Vaya dos, se tenían unas ganitas…

2 **cagarse en up o uc** *vulg* hablar mal de up o uc, insultarlo - 2 **un cabrón** *aquí: insulto* -
6 **el chocolate** *aquí:* hachís (droga para fumar) - 7 **el mentón** parte de la cara que está
debajo de la boca - 8 **pasarse** *aquí:* desaparecer, irse - 9 **convencer a up** hacer que otra
persona haga o piense de manera diferente que antes - 10 **tras** después de - 15 **un
cuarto** *aquí:* habitación, dormitorio - 16 **entreabierto** un poco abierta - 18 **fumado** *jerg,
aquí:* bajo los efectos del porro - 19 **un cenicero** objeto donde se ponen los restos del
cigarrillo - 19 **una colilla** extremo de un cigarrillo que no se fuma - 22 **un almohadón**
objeto que se pone sobre una silla o sofá para estar más cómodo - 25 **¡vaya dos!** ¡qué
dos! - 25 **ganitas** diminutivo de **ganas**

LAURA
¿Por qué no has entrado a ver la nota?

JORGE
Por miedo a acabar como Marta…

5 LAURA
¿Enrollándote con Israel en el cuarto de mis padres?

Jorge se ríe. Se miran, silencio incómodo. Laura toma la iniciativa. Se acerca un poco.

LAURA *(quitándole el vaso de la mano y dejándolo en la mesa)*
10 ¿Quieres saber si has aprobado? Trae la mano.

JORGE
¿Sabes leer la mano?

LAURA *(le coge la mano, señala una línea.)*
Claro. Ésta es la línea de los aprobados.

15 JORGE *(le sigue el juego, divertido.)*
Ya. ¿Y qué dice?

LAURA
Puf… fatal, como el culo.*(Se ríe.)*

JORGE *(apartándole la mano, molesto.)*
20 ¡Venga!

LAURA
Que no, veo…aprobados, raspadillos, pero aprobados. Así que vete pensando qué quieres estudiar.

JORGE *(muy seguro)*
25 Ingeniería Forestal.

---

6 **enrollarse con up** *coloq* tener relación sexual – 18 **como el culo** *vulg* muy mal, fatal –
19 **apartar** quitar, cambiar de lugar – 22 **raspado** *coloq aquí:* mínima nota para aprobar –
25 **Ingeniería Forestal** Forstwissenschaft

LAURA *(sonríe)*
Eso pilla cerca de Farmacia.

JORGE
¿Y qué?

5   LAURA
Que yo voy a estudiar Farmacia.

Jorge asiente y sonríe, tímido.

JORGE
¡Joder, estos no… no paran, eh!

10   *Se quedan mirándose. Jorge coge un vaso y bebe.*

LAURA
Tú eres un poco tímido, ¿no?

JORGE *(tímido, bebiendo sin mirarla)*
¿Yo? No.

15   LAURA
¿Desde cuándo te gusto?
Jorge sigue bebiendo, incómodo.

LAURA
Va, dime.

20   JORGE *(tras una pausa)*
Desde…desde Ávila, la acampada en tercero.

LAURA
¿Y por qué nunca has hecho nada?

JORGE
25   Es la segunda vez que me dicen eso hoy. *(Se da vuelta para
mirar a Laura).*

---

2 **pillar** *aquí:* estar situado, quedar – 20 **tras** *aquí:* después – 21 **una acampada** → acampar
(establecerse provisionalmente en un lugar p ej en un camping) – 21 **en tercero** *aquí:* en
tercero de educación secundaria

LAURA
Pues a lo mejor es porque es verdad. *(Se acerca a él y se le sube suavemente al regazo)* Anda, ven. *(Laura lo besa. Se besan).*

LAURA
5 ¿Ves como no es tan difícil?

Ahora es Jorge el que toma la iniciativa. Siguen besándose. Primero suavemente, luego la cosa poco a poco va a más. Siguen besándose, con más intensidad. Ella mueve lentamente las caderas. Él la abraza y apoya sus manos en su espalda y luego
10 *en su cintura, acompañando los movimientos de Laura. La cosa va tomando cada vez más más ritmo. Así están un rato, poco, hasta que de repente Jorge sufre un estremeciendo. Ha eyaculado encima. Se frena en seco.*

LAURA
15 ¿Qué pasa?

JORGE *(avergonzado)*
Nada.

Aparta a Laura, que se ha dado cuenta de lo que ha pasado, más que nada por la cara de agobio de Jorge.

20 LAURA
No importa, no te preocupes, de verdad.

JORGE *(muy abochornado. Se levanta.)*
Me tengo que ir a casa…

LAURA
25 No, de verdad que no me importa. Vete al baño si quieres…

Jorge se pone de pie y se marcha. Laura se queda sola sentada en el sofá.

---

3 **regazo** Schoß – 3 **anda** *aquí:* ivamos, venga! – 9 **una cadera** parte más ancha del cuerpo por debajo de la cintura – 9 **apoyar** *aquí:* poner – 10 **la cintura** parte estrecha del cuerpo donde se fija el pantalón o la falda – 12 **un estremecimiento** *aquí:* movimiento del cuerpo cuando se llega al orgasmo – 16 **avergonzado** sentir **vergüenza** (sentimiento de pérdida de dignidad) – 19 **un agobio** → agobiarse sentirse incómodo, pasarlo mal – 22 **abochornado** avergonzado

LAURA
¡Jorge!

Vemos resaltada otra pregunta de la hoja del examen de Física:

Pregunta 3: El punto de ebullición. Propiedades.

⁵ ## Escena 14. INT. CASA DE JORGE. COCINA. NOCHE.

Vemos una olla con albóndigas cocinándose, luego aparecen Jorge y su padre comiendo. De fondo un pequeño televisor en la que dan el telediario.

¹⁰ ANDRÉS
¿Te gustan?

ANDRÉS
Sí, están muy buenas.

Jorge mira a su padre con inseguridad. Andrés mira la tele y
¹⁵ *luego a su hijo.*

ANDRÉS
¿Te pasa algo? Estás muy callado.

JORGE
Hoy ha salido la nota de Física.

²⁰ ANDRÉS
Ah, ¿y qué tal...?

JORGE *(tras una pausa)*
Bien, he aprobado.

---

4 **el punto de ebullición** punto en el que un líquido empieza a hervir, p ej, agua a 100° C –
4 **una propiedad** una característica – 7 **una olla** instrumento de metal donde se cocinan
los alimentos – 8 **de fondo** en segundo plano – 9 **un telediario** programa de noticias en
la televisión – 17 **callado** en silencio

ANDRÉS
¡Qué bien, me alegro!

Se levanta con su plato. Fuerza una sonrisa.

ANDRÉS *(sin demasiado entusiasmo)*
5 Qué bien. Me alegro… Al fin has terminado los estudios.

JORGE *(muy bajito)*
No, no he terminado.

ANDRÉS
¿Quieres más albóndigas?

10 JORGE
Hay un examen de selectividad a finales de mes.

ANDRÉS *(se sirve una albóndiga. No escucha a su hijo.)*
Yo me voy a poner otra. Total, un día es un día.

JORGE
15 Igual, si me pongo ahora me da tiempo.

ANDRÉS
Juan nos ha dejado un cubo hasta que el ayuntamiento nos
traiga uno nuevo. Así que a ver si se lo cuidamos un poco.

Andrés se vuelve a sentar con su plato.

20 JORGE
Papá, no me estás escuchando.

ANDRÉS *(le mira, pausa)*
¿Y cuánto vas a tardar en sacar la selectividad? ¿Y vas a entrar
en la carrera que quieres? ¿Y luego cuántos años vas a estar
25 estudiando? ¿Total para qué?

*Jorge, conteniendo su rabia, se levanta con su plato, que lo lleva
a la pila.*

---

13 **un día es un día** *aquí:* hacemos una excepción - 23 **sacar** *aquí:* conseguir aprobar
(schaffen) - 26 **contener** no dejar salir - 27 **una pila** *aquí:* lugar en la cocina donde se
limpian los platos

ANDRÉS *(más suave)*
He comprado tarta al whisky. Cógela, está en la nevera.

Jorge, dudando, saca la tarta de la nevera.

ANDRÉS
5 Jorge, esto es algo seguro. Pero lo coges ahora o nunca. Tú verás.

Jorge coge un cuchillo para cortar la tarta.

ANDRÉS
Si te organizas un poco igual puedes seguir estudiando…

10 *Jorge se queda parado, mirándolo.*

…en tus ratos libres.

Tras una pausa. Jorge se da la vuelta, toma unos platos de postre y va a la mesa con la tarta y los platos.

ANDRÉS
15 Es tu favorita, ¿no? La del whisky.
Jorge asiente. Se sienta. Reparte un trozo para cada uno.

ANDRÉS
¿No quieres poner velas?

JORGE
20 No, es igual…

Comienzan a comer la tarta, en silencio.

Escena 15. EXT. INSTITUTO. NOCHE.

Israel y Jorge están sentados en el banco frente al instituto, cuyas puertas están cerradas. Comen pipas.

25 ISRAEL
¿Y por qué le has mentido?

18 **una vela** objeto que se enciende con fuego, p ej en una tarta - 24 **una pipa** semilla de la flor del girasol

JORGE
Para ver cómo reaccionaba.

ISRAEL
Joder, ya te podías haber metido la lengua en el culo.

5 JORGE
Llevo todo el verano pensando que si aprobaba las cosas
podían cambiar.

ISRAEL
Y, mira, al final, te has quedado sin ver la nota.

10 JORGE
Me da igual.

ISRAEL *(subiendo el tono)*
¿A ti te da igual?

JORGE
15 A mi padre le da igual.

ISRAEL *(insiste)*
Ya, ¿ pero a ti te da igual, sí o no?

*Jorge no contesta. Israel le escupe una cáscara de pipa en la cara
para que reaccione.*

20 JORGE
No seas cerdo.

Jorge se incorpora.

ISRAEL
¿No querías saber para qué vale cumplir dieciocho años? Pues
25 para eso: para hacer lo que te salga de los cojones.

*Después de una pausa, ya más calmo, le acaricia la cabeza a
Jorge*

4 **meterse la lengua en el culo** *vulg* callarse – 18 **escupir** echar fuera lo que se tiene en
la boca – 18 **una cáscara** parte dura que protege el interior de algo p ej la cáscara de
un huevo – 21 **un cerdo** animal del que se hace el jamón – 22 **incorporarse** cambiar de
posición, levantarse – 25 **hacer lo que a uno le salga de los cojones** *Esp* hacer lo que uno
quiera – 26 **calmo** tranquilo – 26 **acariciar** pasar la mano con suavidad

ISRAEL
Venga, va, me voy, que he quedado con la Martita. *(Se va).*

JORGE
¿Otra vez?

5 *Israel regresa al lado de Jorge.*

ISRAEL
Ya te digo tío, que esta piba es insaciable. Por cierto, un pequeño consejito: ¡No te vayas nunca de casa sin hacerte una pajita! *(Le sonríe y le da unos golpecitos en la mejilla,*
10 *sarcásticamente).* ¡Quién sabe si va a ser tu día de triunfe!

JORGE *(sonríe a su pesar)*
¡Qué hijoputa…!

ISRAEL
Bueno, nos vemos, maricón.

15 *Israel se pira. Jorge se queda allí, mirando al colegio. Cerrado. Se levanta. Se acerca al portón de rejas y se queda pensativo.*

Escena 16. INT. PASILLO INSTITUTO. NOCHE

El pasillo está vacío y oscuro. Se oye el ruido de un cristal roto. Algunos cristales ruedan escaleras abajo. Les siguen unos
20 *pies. Jorge baja las escaleras. Entra en el hall del instituto y se acerca a los tablones de anuncios, donde está colocada la nota del examen. Cuando llega se frena delante, saca una caja de fósforos, enciende uno y mira la nota. (Nosotros no la vemos).*

---

5 **regresar** volver – 7 **una piba** *jerg* una chica – 7 **insaciable** nunca tiene suficiente, siempre quiere más – 8 **hacerse una paja (pajita)** *vulg* masturbarse – 9 **una mejilla** parte lateral de la cara debajo de los ojos – 11 **a su pesar** aunque no quiere – 12 **un hijoputa** *vulg* hijo de puta *(insulto) aquí:* qué malo – 14 **maricón** *insulto; aquí:* amigo – 15 **pirarse** *jerg* irse – 16 **un portón** puerta de grandes dimensiones – 16 **de reja** hecho de barras de metal – 21 **un tablón de anuncios** lugar donde se cuelga la información pública del centro, p ej las notas – 22 **frenarse** *aquí:* pararse, detenerse – 23 **un fósforo** = cerilla cosa pequeña de madera que sirve para encender un fuego

Escena 17. EXT. EDIFICIO CASA JORGE. NOCHE.

El camión de la basura acaba de recoger el cubo de la casa de Jorge. Un basurero deja el cubo en su sitio y el camión se aleja. Jorge ha observado la escena desde la distancia. Se acerca al cubo. Mientras lo hace vemos en flashes muy cortos lo
5 *siguiente: Una mano que abre el cubo; una mano sacando del bolsillo trasero un botecito de gasolina zippo; una mano vacía el contenido del bote dentro; saca una cerilla, la enciende y la tira dentro del cubo; un tremendo fogonazo. Jorge observa cómo arde el cubo. Parece más aliviado, relajado por primera vez. En*
10 *su rostro hay un gesto de determinación y seguridad que no hemos visto hasta ahora. Dejamos a Jorge de espaldas al cubo, hipnotizado por las llamas. La cámara retrocede hasta que descubrimos que su padre lo está observando, de espaldas a él, no muy lejos. No le vemos la cara.*

15 ANDRÉS
Jorge…

Jorge levanta un poco la vista. No se da la vuelta. Parece asustado. Incapaz de enfrentarse cara a cara a su padre.

ANDRÉS *(incrédulo)*
20 ¿Quién lo ha quemado, Jorge?

JORGE *(pausa)*
Yo.

ANDRÉS *(idem)*
No, tú no… ¿Quién ha sido?

---

2 **un basurero** persona que recoge la basura – 6 **trasero** *aquí:* de atrás – 6 **un botecito** bote pequeño – 6 **zippo** *marca* – 7 **un bote** vaso con tapa – 7 **encender** *aquí:* hacer que uc queme por una llama y produzca fuego – 7 **tirar** *aquí:* poner en – 8 **tremendo** muy fuerte – 8 **un fogonazo** llama momentánea producida por una explosión – 9 **arder** quemar – 9 **aliviado** liberado de algo – 10 **el rostro** cara – 10 **la determinación** decisión – 12 **retroceder** ir hacia atrás – 13 **descubrir** *aquí:* ver por primera vez – 18 **asustado** con miedo (→ asustarse) – 18 **incapaz** no poder – 18 **enfrentarse** ponerse enfrente, mirar directamente – 19 **incrédulo** sin poder creerlo – 23 **idem** *lat* lo mismo

JORGE *(ahora Jorge se da la vuelta y mira a su padre con miedo)*
He sido yo, papá.

JORGE
5 No puedo. De verdad que no puedo.

JORGE *(nervioso pero con seguridad, negando firmemente con la cabeza)*
No quiero.

Padre e hijo se quedan mirando, enfrentados, como si esperaran
10 *algo el uno del otro, o al revés, ya no esperan nada el uno del*
otro. Así les dejamos, mientras las llamas del cubo se consumen
poco a poco.

Gracias a León Siminiani.

Créditos finales.

9 **enfrentado** → enfrentarse - 10 **al revés** en el sentido contrario - 11 **consumir** *aquí:* disminuir, reducirse de tamaño

Sobre el director de *Física II*

Daniel Sánchez Arévalo
Madrid, 1970

Estudió Empresariales, carrera en la que descubrió su vena literaria al no sentirse interesado por las asignaturas de la carrera. La parte positiva de su estudio universitario fue que adquirió los conocimientos financieros suficientes para saber que ganaría más dinero escribiendo guiones televisivos que vendiendo, como él cuenta, seguros de vida.

De esta manera, comenzó su carrera como guionista de series de ficción como *Farmacia de guardia, Querido maestro, Ellas son así, Hospital Central,* etc. Desempeñó este oficio durante más de 10 años hasta que obtuvo una beca para estudiar un Máster en Cine por la Universidad de Columbia (Nueva York) entre los años 2000 y 2001. Allí dirigió el cortometraje ***The more you know,*** un falso documental que repitió en español con el nombre de ***Profilaxis*** (2003). Con él ganó el Premio al Mejor Cortometraje en el Festival de Cine Latinoamericano de Lérida (España).

El que creía ser la reencarnación de John Wayne y el que se califica a sí mismo como hipocondríaco precoz dirigió su primer cortometraje en 2002. ***Gol*** fue rodado con su cámara de vídeo y con ayuda de unos amigos en el sofá de su casa. Cuenta, en tres minutos, todas las claves de una amistad adolescente. Fue pensado para participar en el festival *Notodofilmfest*, que acabó ganando.

Sánchez Arévalo es también autor de varias novelas y de más de una docena de cortos, labor con la que ha recibido más de 80 premios, una nominación para los Goya por ***Exprés*** (2003), y una preselección para los Oscar por ***Física II*** (2004). El corto de 2003 fue ganador del Gran Premio del Público a la Mejor Película en el festival *Notodofilmfest*, mientras que el de 2004 recibió el Premio Danzante del Certamen Iberoamericano.

Su siguiente trabajo, ***La culpa del alpinista*** (2004), producida y escrita por Julio Medem, fue presentada en la sección oficial de la Mostra de Venecia (Italia).

Daniel Sánchez Arévalo

Apadrinado por Alejandro Amenábar y Julio Medem, Daniel Sánchez Arévalo estrenó en 2006 su primer largometraje: *Azul oscuro, casi negro,* una historia de protagonismo coral que muestra la incapacidad del ser humano de rebelarse contra el destino. Con él ha logrado los aplausos de crítica y público tanto en España como fuera de ella. La prueba está en que su opera prima ha cosechado 11 premios, entre ellos, el Premio Goya al Mejor Director Novel, la Biznaga de Plata al Mejor Guion y el Premio Especial del Jurado para Sánchez Arévalo en el Festival de Cine Español de Málaga (España), el Premio al Mejor Director Debutante en el Festival de Cine de Estocolmo (Suecia), la Violeta de Oro en el Festival de Toulouse (Francia), así como otros dos galardones en el Festival de Cine de Venecia (Italia).

A finales de 2007 el director madrileño publicó su primera novela: *31 de junio de 1993 (un día que no existe de un año en el que no pasó nada).* Su libro fue el germen en el que se inspiró su primer filme *Azul oscuro, casi negro* (2006) y que fue rechazada por las editoriales cuando acabó de escribirla en el año 2000.

Actualmente prepara su segundo largometraje, una comedia de protagonismo coral, *Gordos* (2009) que ha comenzado a rodarse en Santander y que tiene a Verónica Sánchez y a Pepón Nieto como integrantes del reparto.

(Texto extraído de *Vidas de cine*; http://www.vidasdecine.es/ © Lorena Romero 2005)

Filmografía

- 1998 *Querido maestro*
- 2002 *¡Gol!*
- 2003 *Profilaxis*
- 2003 *Exprés*
- 2004 *Física II*
- 2005 *La Culpa del alpinista*
- 2006 *AzulOscuroCasiNegro*
- 2007 *Traumalogía*
- 2009 *Gordos*

Ficha técnica de *Física II*

Reparto

Jorge Monje (Jorge)
Héctor Colomé (Andrés)
Alberto Ferreiro (Israel)
Aida Folch (Laura),
Alba Alonso (Marta)
Antonio de la Torre (guardia de seguridad)

Ficha técnica

Dirección y guion: Daniel Sánchez Arévalo
Directora de producción: María Zamora
Producción: Stefan Schmitz
Asistente del director: León Siminiani
Fotografía: Juan Carlos Gómez
Música: Pascal Gaigne
Vestuario: Claudia González
Maquillaje: África de la Llave
Montaje: Nacho Ruiz Capillas
Arte: Federico García Cambero
Sonido directo: Carlos Lidón
Sonido: David Rodríguez

La banda sonora de *Física II* es del grupo español de hip-hop *Desterrados*.

Idioma original: español
20 minutos, color
© 2004 Avalon Productions

Premios

Mejor corto y mejor dirección – Mostra Vila de Noia, Coruña
Mejor actor (Alberto Ferreiro) – Festival de Cine Español de Málaga

y diversos premios más

Actividades

1. Completa el crucigrama con las palabras que has aprendido en el texto de *Física II* sobre el instituto:

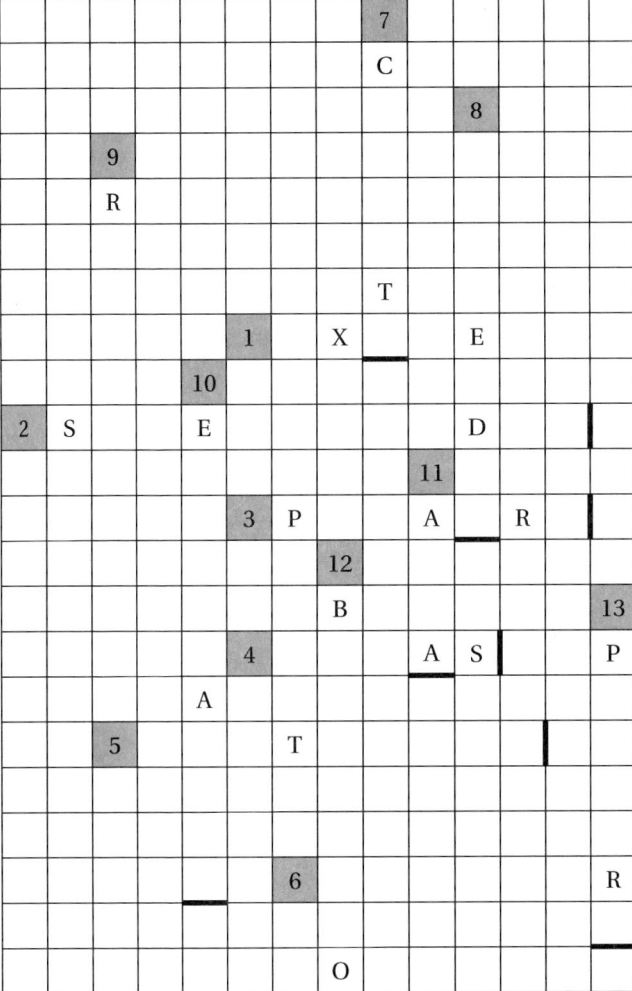

1. Pruebas para controlar el conocimiento
2. Prueba para ser aceptado en la universidad
3. Objeto rectangular donde se escribe para todos los alumnos
4. Resultados de las pruebas
5. Lugar donde se hace el bachillerato
6. Tener más del mínimo en una prueba
7. Archivador de documentos de cartón u otro material
8. No conseguir la puntuación mínima en una prueba
9. Prueba para los alumnos que no ha superado las asignatura en junio
10. Personas que estudian
11. Sala donde los alumnos tienen clase
12. Instrumento que sirve para escribir
13. Escritorio de escuela

2. En el guion que has leído han aparecido expresiones nuevas. Completa las siguientes frases con ellas:

encogerse de hombros	darse cuenta de algo
cazar algo al vuelo	irse a las manos
hundirse en la miseria	dejar en paz hacerse cargo de
¿qué más te da?	metérsele (algo) en la cabeza

1. ¡Sólo quiero estar sólo y que me (vosotros) _____!

2. Comenzaron a discutir y enseguida _____

3. ¡Pobre Marta! Suspendió el examen y está _____

4. Aunque haya tenido mejor nota que tú, _____

5. Cuando se jubiló su padre _____ de la portería.

6. Israel le lanzó el zumo y Jorge lo _____

7. No respondió. Sólo _____

8. Laura _____ del agobio de Jorge cuando lo miró a la cara.

9. Cuando a Israel _____ no hay quien le haga cambiar de opinión.

3. **Después de leer el guion has conocido a Jorge, Israel, Marta, Laura y al padre de Jorge. Ahora ya estás preparado para responder a las siguientes preguntas:**

   1. ¿Quiénes son Jorge e Israel?
   2. ¿Qué hacen en el tiempo libre?
   3. Es un día especial para Jorge. ¿Por qué?
   4. ¿De qué se conocen Jorge y Laura?
   5. ¿Qué piensa Jorge de Laura?
   6. ¿Qué planea hacer Jorge si aprueba la asignatura de Física?
   7. ¿Por qué crees que Jorge no mira la nota?
   8. ¿Cómo es la relación entre Jorge y su padre?
   9. ¿Qué espera el padre de Jorge de su hijo?
   10. ¿Por qué crees tú que quema Jorge los cubos de basura?

4. **¿Qué tal la jerga? Une las palabras con sus definiciones según el contexto del guion que has leído:**

1. pillar		a.	no importar
2. flipar		b.	diversión
3. currar		c.	fuerte
4. piño		d.	botella de litro de cerveza
5. molar		e.	gustar
6. cañero		f.	trabajar
7. pasar de algo		g.	coger
8. litrona		h.	diente
9. movida		i.	estar loco

Breve vocabulario sobre cine

El presente vocabulario no pretende ser exhaustivo. Para un repertorio más completo sobre el vocabulario cinematográfico, remitimos a la guía didáctica *Física II* (colección *Cinemateca*), ISBN 978-3-12-535545-3, así como al capítulo *Theater, Kino, Film* del *Thematischer Grund- und Aufbauwortschatz Spanisch*, ISBN 978-3-12-519513-4.

El lugar

el cine	edificio donde se proyectan películas
el minicine	cine muy pequeño
la sala	gran pieza donde se proyectan y se ven las películas
la pantalla	gran tela sobre la cual se proyectan las imágenes
la butaca	asiento con brazos
el acomodador/ la acomodadora	persona que indica los asientos a los espectadores
el vestíbulo	espacio entre la entrada del cine y la sala
la taquilla	ventanilla donde se venden las entradas
el taquillero/ la taquillera	persona que vende las entradas
la fila	línea de butacas

El espectáculo

el cortometraje	película muy corta
la película	película
la comedia	que quiere hacer reír a los espectadores
~ de aventuras…	que trata de sucesos extraordinarios
el "thriller"…	llena de acción, suspense y misterio
~ policiaca…	que trata de la investigación de un crimen
el documental	de carácter informativo
el cartel de la película	póster/anuncio de la película
el tráiler	versión muy corta de una película que presenta escenas elegidas

el guion   texto que contiene todos los diálogos
                            de una película y también las
                            instrucciones del director

Personas, acciones y acontecimientos

el director/la directora   persona que es responsable de la
                            realización de una película y que
                            da instrucciones a los actores,
                            cámaras, etc.

el productor/la productora persona que organiza la
                            producción de una película y se
                            ocupa de su financiación

el actor/la actriz   persona que interpreta un papel
 ~ principal   actor / actriz que representa el/
                            la protagonista de la película
 ~ secundario, -a   actor /actriz que tiene un papel
                            menos importante

los extras/la figuración   grupo de personas que sólo
                            se ven y que no hablan en la
                            película

los efectos especiales   efectos cinematográficos
                            realizados por medios
                            tecnológicos modernos (p ej,
                            simulaciones por ordenador)

la crítica   opinión sobre una película
                            publicada en un periódico, una
                            revista, en Internet

el Festival de Cine   celebración de un concurso
                            cinematográfico
obtener un premio/galardón recibir una recompensa (en un
                            concurso) por una obra de arte
                            extraordinaria

Informarse

¿Qué ponen/dan en el cine? ¿Qué películas hay en el cine?
la cartelera   lista actual de las películas que
                              aparece publicada, p ej, en un
                              periódico

la sinopsis   resumen de la película

la sesión/el pase   función, hora a la que proyectan
                              una película
~ matinal (la matiné)   entre las 12 y las 14:30 h,
                              aproximadamente
~ de las 16:00 h
~ de las 19:00 h
~ de noche
~ de madrugada   A medianoche

la entrada   el ticket que se compra para
                              poder entrar

el día del espectador   un día a la semana en el que la
                              entrada cuesta menos

Soluciones

1. crucigrama

						7						
						C						
						A				8		
		9				R				S		
		R				P				U		
		E				E				S		
		C				T				P		
		U	1	E	X	A	M	E	N	E	S	
		P	10							N		
2	S	E	L	E	C	T	I	V	I	D	A	D
		R	S					11		E		
		A	T	3	P	I	Z	A	R	R	A	
		C	U			12		U				
		I	D			B		L				13
		O	I	4	N	O	T	A	S			P
		N	A			L						U
	5	I	N	S	T	I	T	U	T	O		P
			T			G						I
			E			R						T
			S		6	A	P	R	O	B	A	R
						F						E
						O						

2. **En el guion que has leído han aparecido expresiones nuevas. Completa las siguientes frases con ellas:**
   1. dejéis en paz
   2. se fueron a las manos
   3. hundida en la miseria
   4. ¿Qué más te da?
   5. se hizo cargo
   6. cogió al vuelo
   7. se encogió de hombros
   8. se dio cuenta
   9. se le mete algo en la cabeza

3. **Después de leer el guion has conocido a Jorge, Israel, Marta, Laura y al padre de Jorge. Ahora ya estás preparado para responder a las siguientes preguntas:**
   1. Son dos amigos de 18 años
   2. Van al supermercado y comen y beben sin pagar, fuman porros, comen pipas, quedan con las chicas…
   3. Cumple 18 años, es mayor de edad.
   4. Se conocen del instituto.
   5. A Jorge le gusta Laura desde la acampada de tercero de la ESO.
   6. Estudiar Ingeniería Forestal.
   7. Diferentes respuestas posibles. Por ejemplo: Tiene miedo a saberla porque va a determinar su futuro.
   8. Es difícil, no hay mucha comunicación.
   9. Quiere que se haga cargo de la portería para quedarse a vivir allí y no volver al pueblo.
   10 Porque no quiere trabajar en la portería.

4. **¿Qué tal la jerga? Une las palabras con sus definiciones según el contexto del guion que has leído:**
   1. g; 2. i; 3.f; 4.h; 5.e; 6. c; 7. a; 8. d; 9. b

Abreviaturas y símbolos

aquí:	= señala un significado específico de la palabra en el contexto	*jerg*	= jerga (Jargon)
		lat	= latín
		p ej	= por ejemplo
		pl.	= plural
coloq	= coloquial	*uc*	= una cosa, algo
Esp	= español de España	*up*	= una persona, alguien
EXT	= exterior	*vulg*	= expresión vulgar
f	= femenino	≠	= contrario de
fam	= lenguaje familiar	→	= remite a una palabra ya conocida
INT.	= interior		